PHAETON,
TRAGEDIE

REPRÉSENTÉE POUR LA PREMIERE FOIS
à Versailles
DEVANT LE ROI,
le mercredi 6 janvier 1683,
PAR L'ACADEMIE ROYALE
DE MUSIQUE;

et à Paris,

Le mardi	27 avril,	1683.
Le	novembre,	1692.
Le jeudi	12 janvier,	1702.
Le dimanche	5 janvier,	1710.
Le mardi	11 novembre,	1721.
Le jeudi	21 decembre,	1730.

Le 29 du même mois, honorée de la présence DU ROI;
Remise au théâtre le mardi 13 novembre 1742.

DE L'IMPRIMERIE
De J-B-CHRISTOPHE BALLARD, seul imprimeur du Roi, et de l'academie royale de musique;
A Paris, au Mont-Parnasse, rue saint Jean-de-Beauvais.

M. DCC. XLII.
Avec privilége de Sa Majesté.
LE PRIX EST DE XXX. SOLS.

ACTEURS ET ACTRICES *chantans dans les chœurs.*

CÔTÉ DU ROI.		CÔTÉ DE LA REINE.	
Mesdemoiselles	*Messieurs*	*Mesdemoiselles*	*Messieurs*
Dun,	St. Martin,	Antier-C.,	Deserre,
	Marcelet,		Gratin,
Delorge,	Le Page,	Cartou,	Le Messe,
	La Mare,		St. Amour,
Varquin,	Fel,	Deshaigles,	Deshais,
	Houbault,		Levasseur,
Dalmand-C.,	Bourque,		Treizeville,
	Bornet,	Desgranges,	Chapotin,
Coupée,	Gallard,		Buzeau,
Larcher.	Duchênet.	Gondré.	Duplessis.

APROBATION.

J'Ai lû par ordre de monseigneur le Chancelier, la nouvelle Edition de PHAETON, *tragedie.* A Paris, ce 4 novembre 1742.

DE MONTCRIF.

ACTEURS CHANTANS DU PROLOGUE.

ASTRÉE, *déesse, fille de* JUPITER *& de* THEMIS, Mlle Fel.

*Compagnes d'*ASTRÉE.

SATURNE, *dieu qui régnoit durant l'âge d'or,* Mr Chassé.

Suivans de SATURNE.

ACTEURS DANSANS DU PROLOGUE.

COMPAGNES D'ASTRÉE;

Mademoiselle Le Breton;

Mesdemoiselles Fremicourt, Thiery, Dazencourt, Dary, St. Huray, Minot.

SUIVANS DE SATURNE.

Messieurs Malter-C., Levoir, Dangeville, P-Dumoulin.

On vend la Partition In-folio de PHAETON en Musique, *vingt livres*; de même que chacun des dix-huit autres *Opera* de M. DE LULLY, en exceptant néanmoins les Partitions générales, devenues rares.

PROLOGUE.

PROLOGUE.

LE RETOUR DE L'AGE D'OR.

Le théâtre représente les jardins du palais de la déesse ASTRÉE.

SCENE PREMIERE.

ASTRÉE,
COMPAGNES D'ASTRÉE.
LES COMPAGNES D'ASTRÉE.

Herchons la paix dans cet azile,
Les jeux ſuivront toujours nos pas.
Quand on le veut, il eſt facile
De s'aſſurer un repos plein d'appas :
Mais les plaiſirs d'un ſort tranquile,
Ne cherchent point qui ne les cherche pas.

N'ayons jamais rien d'inutile ;
Fuyons le bruit & l'embaras.
Quand on le veut, il est facile
De s'assurer un repos plein d'appas :
Mais les plaisirs d'un sort tranquile
Ne cherchent point qui ne les cherche pas.

ASTRÉE.

Dans cette paisible retraite,
Tout rit, tout répond à mes vœux ;
Mais ma félicité ne peut être parfaite,
Que le ciel n'ait rendu tous les mortels heureux.

Quoique leur fureur inhumaine
De leur séjour ait osé me bannir :
J'ai regret de les voir punir ;
Je n'ai quitté la terre qu'avec peine.
J'espére y voir encor le siecle fortuné,
Qu'à l'univers naissant les dieux avoient donné.
Le Sort veut que bientôt ce beau tems recommence.

La douceur de l'espérance
Doit flatter nos desirs :
Charmons notre impatience
Par d'innocens plaisirs.

On danse.

LES COMPAGNES D'ASTRE'E.

Dans ces lieux, tout rit ſans ceſſe;
L'Amour veut rire avec nous:
C'eſt un jeu quand il nous bleſſe,
Nous ne ſentons que ſes traits les plus doux.

Qu'il eſt doux d'aimer ſans peines!
Quel plaiſir d'aimer en paix!
L'Amour fait ici des chaînes,
Qui charment trop, pour les briſer jamais.

SCENE II.

SATURNE, ſuivans de SATURNE,
ASTRE'E,
COMPAGNES D'ASTRE'E.

SATURNE.

QUe les mortels ſe réjouiſſent;
Que les plaintes finiſſent.
O l'heureux tems,
Où tous les cœurs ſeront contens!

CHOEUR des ſuivans de SATURNE.

Que les mortels, &c.

SATURNE.

Un heros, qui mérite une gloire immortelle,
Au ſéjour des humains aujourd'hui nous rapelle.
Le ſiecle, qui du monde a fait les plus beaux jours,
Doit, ſous ſon regne heureux, recommencer ſon cours.

Il calme l'univers, le ciel le favorise;
Son auguste sang s'éternise.
Il voit combler ses vœux par un héros naissant:
Tout doit être sensible au plaisir qu'il ressent.
Les muses vont lui faire entendre
Mille nouveaux concerts.
De sa grandeur il se plaît à descendre,
Il sait mêler les jeux à cent travaux divers.
Rien ne peut nous troubler, la discorde est aux fers.
L'Envie envain frémit de voir les biens qu'il cause;
Une heureuse paix est la loi
Que ce vainqueur impose.
Son tonnerre inspire l'effroi
Dans le tems même qu'il repose.

ASTRÉE.

Suivons ce héros; suivez-nous,
Jeux innocens, rassemblez-vous,
Régnez dans une paix profonde:
Rapellez l'heureux tems de l'enfance du monde;
Jeux innocens, rassemblez-vous,
Reprenez pour jamais vos charmes les plus doux.

CHOEUR.

Jeux innocens, rassemblez-vous,
Reprenez pour jamais vos charmes les plus doux.

On danse.

CHOEUR DES COMPAGNES D'ASTRÉE.

Plaisirs, venez sans crainte,
Venez vous rassembler:
Le soin & la contrainte
Ne viendront plus vous troubler.
Le plus grand des héros
Vous reçoit dans son empire:
Que tout l'univers admire
L'auteur d'un si doux repos.

Il faut que tout fleurisse,
Mortels, vivez heureux.
La paix & la justice
Vont régner avec les jeux.
Le plus grand des héros
Les reçoit dans son empire:
Que tout l'univers admire
L'auteur d'un si doux repos.

ASTRÉE ET SATURNE.

On a vû ce héros terrible dans la guerre,
Il fait par sa vertu le bonheur de la terre:
Sa victoire l'a désarmé,
Il fait son bonheur d'être aimé.

CHOEURS.

On a vû ce héros, &c.

FIN DU PROLOGUE.

ACTEURS DE LA TRAGEDIE.

MEROPS, *roi d'Egipte*,	Mr Le Page.
CLIMENE, *fille de* L'OCEAN *& de* THETIS, *reine d'Egipte*,	Mlle Eeremans.
LIBIE, *fille de* MEROPS, *d'un premier lit*,	Mlle Chevalier.
THEONE, *fille de* PROTE'E,	Mlle Le Maure.
PHAETON, *fils du* SOLEIL, *et de* CLIMENE,	Mr Jelyotte.
EPAPHUS, *fils de* JUPITER *&* d'ISIS,	Mr Chassé.
PROTE'E, *dieu marin, conducteur des troupeaux de* NEPTUNE,	Mr Le Page.
Dieux marins, suivans de PROTE'E.	
TRITON, *dieu marin, frere de* CLIMENE,	Mr Berard.
Suivans de TRITON.	
Un roi Ethiopien, Un roi Indien, { *tributaires de* MEROPS.	
Ethiopiens & Ethiopiennes.	
Indiens & Indiennes.	
Egiptiens & Egiptiennes.	
*Prêtresses d'*ISIS.	
Furies & Fantômes.	
Vens.	
LE SOLEIL,	Mr De la Tour.
Heures du jour.	
UNE DES HEURES,	Mlle Fel.
Les Saisons,	
L'AUTOMNE,	Mr Albert.
Suite des Saisons,	
{ *Zephire & Flore. Vertumne & Céres* | *Bacchus & Ariane. Borée & Orithie.* }	
Pasteurs Egiptiens & Bergeres Egiptiennes.	
UNE EGIPTIENNE,	Mlle Fel.
LA DE'ESSE DE LA TERRE,	Mr Cuvillier.
JUPITER,	Mr Person.

DIVERTISSEMENS DE LA TRAGEDIE.

PREMIER ACTE.

DIEUX MARINS, JOUANT de la flûte ;

Messieurs Dépréaux, Braun, Dufrene, Monot, Rault, Brunel.

SUIVANS DE TRITON ;

Monsieur D-Dumoulin ;
Messieurs Javilliers-L., Javilliers-C. ;
Messieurs Dumay, Dupré, Monservin, Gherardi, P-Dumoulin, Malter-C., Dangeville, Levoir.

SECOND ACTE.

INDIENS ET INDIENNES ;

Monsieur Dupré ;
Messieurs Dumay, Dupré, Malter-C. ;
Mesdemoiselles Carville, Erny, Fremicourt.

ETHIOPIENS ET ETHIOPIENNES ;

Messieurs Monservin, P-Dumoulin, Gherardi ;
Mesdemoiselles Rabon, Petit, Thiery.

TROISIE'ME ACTE.

ETHIOPIENS ET ETHIOPIENNES;

Mademoiselle Dalmand-L. ;

Mrs Monservin, P-Dumoulin, Gherardi, Hamoche;

Mesdemoiselles Rabon, Petit, Thiery, Dazencour.

FURIES ET FANTOSMES;

Monsieur Dupré ;

Mrs Malter-C., Dupré, Levoir, Hamoche.

QUATRIE'ME ACTE.

LES SAISONS;

Monsieur Javilliers-L.; Mademoiselle Carville.

ZEPHIRE,	FLORE,
Mr Malter-L.	Mlle Courcelle.
VERTUMNE,	CE'RES,
Mr Dumay.	Mlle Rabon.
BACCHUS,	ARIANE,
Mr Lany.	Mlle St. Germain.
BORE'E,	ORITHIE,
Mr Gherardi.	Mlle Petit.

CINQUIE'ME ACTE.

EGIPTIENS ET EGIPTIENNES;

Mademoiselle Camargo;

Messieurs F-Dumoulin, Malter-L. Hamoche, Levoir, Lany;

Mesdemoiselles Courcelle, St Germain, Dazencour, Fremicour, Bouquet.

PHAETON,

PHAETON,

TRAGEDIE.

ACTE PREMIER.

Le théâtre représente un jardin sur le devant, une grotte dans le milieu, et la mer dans l'éloignement.

SCENE PREMIERE.

LIBIE.

Eureuse une ame indifférente !
Le tranquile bonheur, dont j'étois si contente,
Ne me sera-t'il point rendu ?
Dans ces beaux lieux tout est paisible ;
Helas ! Que ne m'est-il possible
D'y trouver le repos que mon cœur a perdu !

SCENE II.

THEONE, LIBIE.

THEONE.

JE ne vous croyois pas dans un lieu solitaire.
Une pompeuse cour ne songe qu'à vous plaire,
Et vous venez rêver ici!

LIBIE.

Vous y venez rêver aussi.

THEONE.

J'aime; c'est mon destin d'aimer toute ma vie.
Votre cœur fuit l'amour, et croit s'en garentir:
Il faut aimer, pour ressentir
Le charme de la rêverie.

LIBIE.

Le roi doit aujourd'hui me choisir un époux:
Ai-je moins à rêver que vous?

THEONE.

M'est-il permis d'entrer dans votre confidence?

LIBIE.

La sincére amitié doit bannir d'entre nous
Le mistére & la défiance.

THEONE.

Pourquoi chercher des lieux où régne le ſilence?
Eſt-il un ſpectacle plus doux,
Que de voir mille amans empreſſés & jaloux,
Dont votre hymen fait l'eſpérance!
Je commence à douter que vous les voyez tous
Avec la même indifférence.

LIBIE.

Je ſuis fille d'un roi qui commande à des rois;
Après lui j'aurai ſous mes loix
Les païs où le Nil répand ſon eau féconde;
Un grand deſtin m'eſt préparé;
Mais le premier trône du monde
N'eſt pas contre l'amour un azile aſſuré.

THEONE.

Le fils de Jupiter vous aime.

LIBIE.

Je ne ſerois qu'à lui, ſi j'étois à moi-même.
Mon cœur s'eſt trop preſſé de choiſir un vainqueur,
Et mon timide amour craint un devoir ſévére:
Que deviendrai-je, ô ciel, ſi le choix de mon pere
Ne ſuit pas le choix de mon cœur!

Vous reſſentez l'amour, ſans éprouver ſes peines;
Le fils du dieu brillant qui donne la clarté,
Tout fier qu'il eſt, porte vos chaînes:
Vous aimez Phaeton avec tranquilité.

THEONE.

Helas! Un tendre cœur est toujours agité.

La mer est quelquefois dans une paix profonde;
On peut après l'orage y jouir d'un beau jour:
Le calme régne plus dans l'empire de l'onde,
Que dans l'empire de l'amour.

ENSEMBLE.

Ah! Qu'il est difficile
De bien aimer,
Sans s'allarmer!
Ah! Qu'il est difficile
Que l'amour soit tranquile.

THEONE.

Phaeton est pour moi peu sensible aujourd'hui.
Que je crains!..

LIBIE.

Je vous laisse éclaircir avec lui.

SCENE III.

PHAETON, THEONE.

THEONE.

Vous passez sans me voir, craignez-vous ma présence?

PHAETON.

Je vous aime, Theone, et ce soupçon m'offense.

THEONE.

Que ma vûe aujourd'hui vous cause d'embarras!
Avouez qu'en ces lieux vous ne me cherchiez pas.

PHAETON.

Je cherchois la reine ma mere.
Ce soin pourroit-il vous déplaire?
Devez-vous me le reprocher?

THEONE.

C'est toujours ne me pas chercher.

Je m'aperçoi sans cesse
Que quelque soin vous presse,
Et, par malheur, je m'aperçoi
Que ce soin n'est jamais pour moi.

PHAETON.

Une autre amour, à votre espoir fatale,
N'a pas causé mes nouveaux soins:
Je n'aime point ailleurs, les dieux m'en sont témoins.

THEONE.

Vous changez cependant, ma peine est sans égale;
Peut-être souffrirois-je moins,
Si je pouvois haïr une rivale.
Protée, à qui je dois le jour,
Du plus sombre avenir perce la nuit obscure;
Il m'a prédit cent fois le tourment que j'endure:
Vous ne me parléz plus ni d'hymen, ni d'amour,
De tant de vains sermens vous perdez la mémoire.

PHAETON.

Non, je vous aimerai toujours.

THEONE.

Ingrat, le moyen de vous croire?
Vos regards inquiets démentent vos discours.
Avec trop peu de soin votre froideur se cache:
Le bonheur de ma vie à votre cœur s'attache,
Vous me laissez trop voir qu'il cherche à m'échaper;
Ah! Dumoins, ingrat que vous étes,
Puisque vous me voulez tromper,
Trompez-moi mieux que vous ne faites.

PHAETON.

Je ne sai plus comment pouvoir calmer
Mille frayeurs qui viennent vous surprendre :
Mon cœur vous aime autant qu'il peut aimer.
S'il n'est pas assez tendre,
C'est à l'Amour qu'il s'en faut prendre.

THEONE.

Quand vous commenciez d'être amant,
Vous me cherchiez avec empressement,
Vous ne me quittiez point sans une peine extrême ;
Le souvenir fatal d'un amour si charmant
Ne sert qu'à faire mon tourment ;
Vous ne savez que trop comme il faut que l'on aime :
Ah ! Deviez-vous m'aimer si tendrement,
Si vous ne vouliez pas m'aimer toujours de même ?

PHAETON.

La reine tourne ici ses pas.

THEONE.

Suivez la reine, allez, ne vous contraignez pas.

SCENE IV.

CLIMENE, PHAETON.

CLIMENE.

Vous paroissez chagrin, mon fils, ne puis-je aprendre
D'où vient le trouble où je vous voi?

PHAETON.

Le roi va faire choix d'un gendre ;
L'époux de la princesse un jour doit être roi.
Le superbe Epaphus à cet honneur aspire ;
Ah! Faudra-t'il le voir maître de cet empire?
Faudra-t'il nous voir sous sa loi?
Quelle honte pour vous! Quelle rage pour moi!

Le roi fera tout pour vous plaire...

CLIMENE.

Mais quel autre choix doit-il faire?
Le fils de Jupiter est-il à dédaigner?

PHAETON.

Quoi? Votre fils, le fils du dieu qui nous éclaire,
Est-il indigne de regner?

CLIMENE.

CLIMENE.

Votre gloire, mon fils, eſt mon unique envie.
Après l'amour du dieu dont vous tenez la vie,
Juſqu'à l'hymen d'un roi j'eus peine à m'abaiſſer;
Mais pour vous mettre au trône, il falloit m'y placer.
Le roi veut vous offrir ſa fille & ſa couronne;
Je ſai que vous aimez Theone,
Et c'eſt cet amour que je crains.
Profitez du bonheur que je mets en vos mains,
Meritez la grandeur ſuprême.
Vaincre un amour charmant, eſt un effort extrême;
Mais qui veut s'élever audeſſus des humains,
Doit être maître de lui-même.

Il ne tiendra qu'à vous de regner en ces lieux.

PHAETON.

J'entens mon deſtin qui m'apelle,
Je brûle de monter dans un rang glorieux:
Si Theone me paroît belle,
La couronne eſt encor plus charmante à mes yeux.

CLIMENE.

J'aime ces ſentimens d'une ame noble & fiere,
Ils ſont dignes du fils du dieu de la lumiere.

D'une amoureuſe ardeur un grand cœur peut brûler,
C'eſt un amuſement qu'il faut qu'on lui pardonne;
Mais il faut que l'amour ſoit prêt à s'immoler,
Si-tôt que la gloire l'ordonne.

Tout eſt favorable à mes vœux,
Et cependant ma joie eſt inquiéte.
Mille préſages malheureux
Troublent mon cœur d'une crainte ſecréte.

C'eſt ici que Protée amene les troupeaux
Du dieu de l'empire des eaux.
Il ſe plaît ſous ce frais ombrage.
L'avenir eſt pour lui ſans ombre & ſans nuage:
Je veux ſur votre ſort le contraindre à parler,
Empêchez qu'en ces lieux on me vienne troubler.

SCENE V.

PROTE'E, DIEUX MARINS SUIVANS DE PROTE'E.

PROTE'E.

HEureux, qui peut voir du rivage
Le terrible ocean, par les vens agité!
Heureux, qui dans le port peut plaindre en ſûreté
Ceux qui ſont dans l'horreur d'un dangereux orage!
Plaignons les malheureux amans,
Evitons leurs cruels tourmens.

Gardons-nous de souffrir que l'amour nous engage
Dans ses trompeurs enchantemens :
Gardons-nous des embarquemens,
Où le repos du cœur fait un fatal naufrage.
Plaignons les malheureux amans,
Evitons leurs cruels tourmens.

Prenez soin, sur ces bords, des troupeaux de Neptune:
Je veux fuir du soleil la chaleur importune.
Ici, l'ombre des bois, le murmure des flots,
Tout invite à gouter la douceur du repos.

PROTE'E s'endort dans la grotte : Ses suivans s'écartent sur le rivage, pour prendre soin des troupeaux de NEPTUNE.

SCENE VI.

CLIMENE, PROTE'E endormi.

CLIMENE.

VOus, avec qui le sang me lie,
Triton, secondez mon envie ;
Donnez-moi le secours que vous m'avez promis :
Des decrets du Destin, Protée a connoissance ;
Faites-lui rompre le silence
Qu'il s'obstine à garder sur le sort de mon fils.

SCENE VII.

TRITON, sortant de la mer,

SUIVANS DE TRITON,

PROTE'E endormi.

TRITON.

Que Protée avec nous partage
La douceur de nos chants nouveaux.

C'est de tous les pasteurs le pasteur le plus sage.
Paissez, heureux troupeaux
Du dieu des eaux,
Paissez en paix sur ce rivage.

Que Protée avec nous partage
La douceur de nos chants nouveaux.

Chantons sous cet ombrage :
Répondez-nous, charmans oiseaux :
Joignez à nos concerts votre plus doux ramage.

Que Protée avec nous partage
La douceur de nos chants nouveaux.

PROTE'E s'éveille.

Les suivans de TRITON continuent leurs concerts d'instrumens, et leurs danses.

TRITON, à PROTE'E.

Le plaisir est necessaire ;
La sagesse austére
Peut empêcher d'y courir :
Mais le plus sévére
Ne refuse guere
Le plaisir qui vient s'offrir.

Les suivans de TRITON environnent PROTE'E, en dansant.

PROTE'E.

Vos jeux ont des appas ; je les quitte avec peine :
Mais mon troupeau s'éloigne de ces lieux.

TRITON.

Du sort de Phaeton éclaircissez Climene ;
De grace, contentez son desir curieux.

PROTE'E.

Ne me pressez point d'en trop dire.
Le Sort dans l'avenir permet que j'ose lire ;
Mais sous un silence discret
Le Sort veut, qu'avec soin, je garde son secret.

PROTEE' disparoît, et se transforme successivement en lion, en arbre, en monstre marin, en fontaine, et en flamme. Mais sous ces formes différentes, il est environné par les suivans de TRITON.

TRITON.

C'est un secret qu'il faut qu'on vous arrache.
Vous vous transformez vainement.
Nous vous suivrons avec empressement
Sous quelque forme qui vous cache.
Non, ne croyez pas nous tromper,
N'esperez pas nous échaper.
Non, de ces changemens l'étonnant artifice
N'aura rien qui nous éblouisse.
Non, ne croyez pas nous tromper,
N'esperez pas nous échaper.

SCENE VIII.

TRITON, CLIMENE, SUIVANS DE TRITON, PROTE'E.

TRITON.

IL reviendra bien-tôt dans ſa forme ordinaire
Ma ſœur, venez l'entendre, il céde à notre effort:
Il va de votre fils vous déclarer le ſort.

PROTE'E reprend enfin ſa forme naturelle.

PROTE'E.

Puiſque vous me forcez, il faut ne vous rien taire.

Le ſort de Phaeton ſe découvre à mes yeux.
Dieux ! Je frémis ! Que vois-je ! O dieux !
Tremblez pour votre fils, ambitieuſe mere.

Où vas-tu jeune téméraire ?
Tu dois trouver la mort, dans la gloire où tu cours.
Envain le dieu qui nous éclaire,
En pâliſſant pour toi, ſe déclare ton pere ;
Il doit ſervir à terminer tes jours.
Tu vas tomber, n'attens plus de ſecours.
Le ciel fait tonner ſa colere.

Tremblez pour votre fils, ambitieuſe mere.

TRITON.

Quel oracle!

CLIMENE.

Quelle terreur!

TRITON ET CLIMENE.

Ah! Je me ſens ſaiſir d'horreur!

FIN DU PREMIER ACTE.

ACTE SECOND.

Le théâtre change, et représente un endroit du palais du roi d'Egipte, orné & préparé pour une grande cérémonie.

SCENE PREMIERE.

CLIMENE, PHAETON.

CLIMEME.

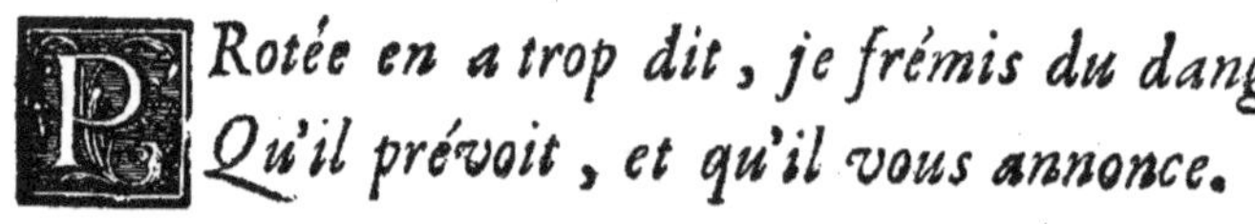

Rotée en a trop dit, je frémis du danger
Qu'il prévoit, et qu'il vous annonce.

PHAETON.

A l'hymen de sa fille il me veut engager,
Son intérêt a dicté sa réponse.

CLIMENE.

Je vois que j'ai trop entrepris.

PHAETON.

Quoi! Ma grandeur n'eſt pas votre plus chere envie?

CLIMENE.

Il vous en coûteroit la vie:
Je ne veux point pour vous de grandeur à ce prix.

PHAETON.

Protée a-t'il le droit ſuprême
De donner des arrêts, ou de vie ou de mort?
Eſt-ce à lui de regler mon ſort?
Un cœur comme le mien, fait ſon deſtin lui-même.

Croyez-en mon courage, il doit vous raſſurer.

CLIMENE.

Vous êtes digne de l'empire;
Mais, ſi votre grand cœur me force à l'admirer,
C'eſt en tremblant que je l'admire.

Vivez, et bornez vos deſirs
Aux tranquiles plaiſirs
D'une amour mutuelle:
Aimez, contentez-vous
De régner ſur un cœur fidéle,
Il n'eſt point d'empire plus doux.

PHAETON.

Vous m'en désavoûriez, si je pouvois vous croire.
Je veux me faire un nom d'éternelle mémoire,
J'ai déja trop langui dans un honteux repos:
La plus forte amour d'un héros,
Doit être l'amour de la gloire.

CLIMENE.

Vous étes menacé du céleste courroux,
Et j'entens la foudre qui gronde.

PHAETON.

Elevez votre fils au premier rang du monde;
Laissez tonner les dieux jaloux.

CLIMENE.

Une secrete voix, qui dans mon cœur murmure,
Me dit que le trépas au trône vous attend;
Puis-je n'écoûter point la voix de la nature?

PHAETON.

Le fils du dieu du jour doit être plus content
D'un trépas éclatant,
Que d'une vie obscure.

CLIMENE.

J'espere que l'amour pourra vous arrêter.
Theone vient, je me retire.

PHAETON.

Non, non, je ne puis vous quitter
Que vous ne m'assuriez du bonheur où j'aspire.

SCENE II.

THEONE.

IL me fuit, l'inconstant, il m'ôte tout espoir:
O ciel! Tant de froideur succéde à tant de flamme!
Ah! Que n'a-t'il toujours évité de me voir!
Qu'il auroit épargné de tourmens à mon ame!

Sur la foi des sermens, dont il flattoit mes vœux,
J'espérois un destin heureux;
Je croyois voir toujours nos cœurs d'intelligence;
Je m'assurois que jamais l'inconstance
Ne briseroit de si beaux nœuds:
Ah! Qu'il est dangereux
De s'engager sur la vaine assurance
Des sermens amoureux!

L'Infidéle attendoit, pour éteindre ses feux,
Qu'il m'en eût fait sentir toute la violence.
Que le charme fatal d'une douce espérance
Expose un cœur crédule à des maux rigoureux!
Ah! Qu'il est dangereux
De s'engager sur la vaine assurance
Des sermens amoureux!

SCENE III.

LIBIE, THEONE.

LIBIE.

Que l'incertitude
Est un rigoureux tourment!
Non, on n'a point, en aimant,
De peine plus rude
Que l'incertitude:
Je sens croître à tout moment
Mon inquiétude.
Que l'incertitude
Est un rigoureux tourment!

THEONE.

Que ma disgrace, helas! n'est-elle encor douteuse!
Vous esperez de voir vos desirs satisfaits:
Vous pouvez être heureuse,
Et je ne le serai jamais.
Dans mes malheurs, que faut-il que j'espere!
J'aime un ingrat qui trahit nos amours:
Et je sens, malgré ma colere,
Que, tout ingrat qu'il est, je l'aimerai toujours.

LIBIE.

Mon sort étoit digne d'envie,
Avant que par l'amour mon cœur fut tourmenté.

THEONE.

Nous ne savons le prix de notre liberté,
Qu'après qu'elle nous est ravie.

ENSEMBLE.

Amour, cruel vainqueur,
Ah! Pourquoi troublois-tu le repos de ma vie?
Amour, cruel vainqueur,
Ah! Pourquoi troublois-tu le repos de mon cœur?

LIBIE.

J'attens le choix du roi.

THEONE.

Je vais cacher mes larmes.

LIBIE.

Mon cœur est agité de mortelles allarmes;
Le roi, déja peut-être, a nommé mon époux.
Vous me laissez?

THEONE.

Je laisse Epaphus avec vous.

SCENE IV.

EPAPHUS, LIBIE.

EPAPHUS.

Quel malheur!

LIBIE.

Dieux! Quelle tristesse!

EPAPHUS.

Quel malheur! Quel supplice, helas!

LIBIE.

Que vous allarmez ma tendresse!

EPAPHUS.

Je vous pers, chamante princesse.
Quel malheur! Quel supplice, helas!
De perdre un bien si plein d'appas.

C'est envain que pour moi votre cœur s'intéresse:
Le roi m'a prononcé l'arrêt de mon trépas;
Votre époux est choisi, je ne le serai pas:
Je vous pers, charmante princesse,
Quel malheur! Quel supplice, helas!
De perdre un bien si plein d'appas!

Se peut-il qu'une loi si dure
Ne vous arrache aucun murmure?
Un doux espoir m'a-t'il trompé?
Belle princesse, est-il possible
Que votre cœur soit insensible
Au coup mortel qui m'a frapé?

LIBIE.

Votre douleur n'a point à craindre
De blesser du devoir les droits trop absolus;
Votre amour malheureux se plaint, sans se contraindre;
Mais l'amour, qui se plaint le plus,
N'est pas toujours le plus à plaindre.

EPAPHUS.

Divinités, dont j'ai reçu le jour,
Voyez mon desespoir, et vengez mon amour,
Contre un roi si cruel, armez votre colere...

LIBIE.

Ah! Tout cruel qu'il est, songez qu'il est mon pere:
N'attirez point sur lui le céleste courroux.

EPAPHUS.

Vous ne demandez point qui sera votre époux?

LIBIE.

Helas ! Pour m'accabler, c'est assez de connoître
Que je ne serai pas à qui je voudrois être.

EPAPHUS.

Phaeton est choisi...

LIBIE.

Trop rigoureuse loi !
Ah ! Qu'il m'en coutera de larmes !

EPAPHUS.

Que le bien qu'il m'ôte a de charmes !
Il n'en connoîtra pas le prix si bien que moi.

LIBIE.

Funeste choix !

EPAPHUS.

Douleur mortelle !

LIBIE.

Jour infortuné !

EPAPHUS.

Jour affreux !

ENSEMBLE.

O sort trop malheureux
D'un amour si fidéle !

EPAPHUS.

Votre cœur peut-il suivre une loi si cruelle ?

LIBIE.

Mon cœur tremble, soupire, et se sent déchirer ;
Mais il doit obéir, en dût-il expirer.

ENSEMBLE.

Faut-il que le devoir barbare
Pour jamais nous sépare ?

EPAPHUS.

Je vous perdrai dans un moment :
L'Amour, le tendre Amour gémira vainement ;
Vous l'abandonnerez.

LIBIE.

Que ne puis-je le suivre !

EPAPHUS.

Faut-il que ce que j'aime à mon rival se livre ?

LIBIE.

Plaignez-moi de souffrir un si cruel tourment.

EPAPHUS.

Vous vivrez pour un autre amant,
Et sans vous je ne saurois vivre.

ENSEMBLE.

Que mon sort seroit doux,
Si je vivois pour vous !

SCENE V.

LIBIE, MEROPS, CLIMENE, PHAETON, Un roi ethiopien, Un roi indien, tributaires de MEROPS. Egiptiens, Egiptiennes, Ethiopiens, Ethiopiennes, Indiens & Indiennes.

MEROPS.

Rois, qui pour souverain devez me reconnoitre:
Et vous, peuples divers, dont les dieux m'ont fait [maître,
Soyez attentifs à ma voix.
Dans ma vieillesse languissante,
Le sceptre, que je tiens, pése à ma main tremblante,
Je ne puis, sans secours, en soutenir le poids.

Pour le fils du Soleil, mon choix se détermine:
C'est Phaeton que je destine
A tenir après moi, l'Egipte sous ses loix:
J'accorde à ce héros ma fille qu'il demande.

Que de tous côtés on entende
Le nom de Phaeton retentir mille fois:
Est-il pour nous une gloire plus grande?
Le sang des dieux s'unit au sang des rois.

MEROPS, CLIMENE, LIBIE, PHAETON, se placent sur un trône, tandis que les peuples témoignent leur joye par leurs acclamations & par leurs danses.

CHOEUR, *Que de tous côtés on entende*, &c.

FIN DU SECOND ACTE.

ACTE TROISIÉME.

Le théâtre change, et représente le temple D'ISIS.

SCENE PREMIERE.

THEONE, PHAETON, SUIVANS DE PHAETON.

THEONE.

H! Phaeton, est-il possible
Que vous soyez sensible
Pour une autre que moi?
Ah! Phaeton, est-il possible
Que vous m'ayez manqué de foi?
Tout m'annonce un malheur dont je frémis d'effroi:
Si vous me trahissez, ma mort est infaillible;

Nous devions vivre heureux sous une même loi ;
Avec ce que l'on aime un sort doux & paisible
Vaut bien le sort du plus grand roi.
Ah ! Phaeton, est-il possible
Que vous soyez sensible
Pour une autre que moi?
Ah ! Phaeton, est-il possible
Que vous m'ayez manqué de foi?

PHAETON.

Pour régir l'univers, les Destins m'ont fait naître:
Si l'Amour m'en rendoit le maître,
Que mon bonheur seroit charmant !
Pour être heureux parfaitement,
Ce seroit avec vous que je le voudrois être.

THEONE.

L'hymen de la princesse a pour vous des appas,
Vous l'aimez, votre cœur m'oublie.

PHAETON.

Non, la seule grandeur avec elle me lie,
Et l'Amour ne s'en mêle pas.

THEONE.

Quoi ! Malgré ma douleur mortelle,
Au mépris de mes pleurs, votre cœur infidéle
Rompt des nœuds qui devoient à jamais nous unir !

La couronne vous parût-elle
Cent fois encor plus belle,
Quel bien peut être doux, quand il faut l'obtenir
Par une trahiſon cruelle?

PHAETON.

Aux loix de mon deſtin j'ai regret d'obéir,
Je ſuis touché de votre peine.

THEONE.

Helas! Vous me plaignez, et vous m'allez trahir;
Vous m'offrez une pitié vaine.

PHAETON.

Puniſſez-moi par votre haine.

THEONE.

Ai-je un cœur fait pour vous haïr?

PHAETON.

Je ſuis indigne de vous plaire.
Je merite votre colere,
Je ne merite pas les pleurs que vous verſez.

THEONE.

Perfide, il eſt donc vrai que vous me trahiſſez?
Témoin de ma conſtance,
Et de ſon changement,
Ciel, qui vois la cruelle offenſe
Que me fait ce parjure amant,
O ciel! J'implore ta vengeance.

Que la foi méprisée arme les justes dieux :
Que l'Amour soit vengé, qu'il allume la foudre ;
Que ce superbe ambitieux
Tombe avec sa grandeur, et soit réduit en poudre...

Que dis-je ? Malheureuse ! Helas !
Ce perfide m'est cher encore,
Et je mourrois de son trépas :
Justice du ciel que j'implore,
Dieux vengeurs, ne m'exaucez pas.

Vous voyez ma foiblesse extrême,
Ingrat, vous triomphez de mon juste courroux.
Non, si je me venge de vous,
Ce ne sera que sur moi-même.

PHAETON, à ses suivans.

Suivez-la ; ma présence irrite ses douleurs.

SCENE II.

PHAETON.

JE plains ses malheurs,
Je m'attendris par ses larmes ;
Ah ! Que de beaux yeux en pleurs
Ont de puissans charmes !

Je n'avois jamais vû l'éclat du sort des rois
Quand je m'engageai sous ses loix ;
Rien n'étoit à mes yeux si beau qu'une amour tendre :
La grandeur m'apelle aujourd'hui,
L'Amour me parle envain, je ne puis plus l'entendre ;
La fiere ambition parle plus haut que lui.

L'Egipte adore Isis ; la coutume m'engage
A rendre un solemnel hommage
A son divin pouvoir ;
Acquittons-nous de ce devoir.

PHAETON veut entrer dans le temple d'ISIS.

SCENE III.

EPAPHUS sortant du temple d'ISIS, PHAETON.

EPAPHUS.

SOngez-vous qu'Isis est ma mere ?
Jusqu'au temple où l'on la révére,
Venez-vous insulter à son fils malheureux ?

PHAETON.

Par nos offrandes, par nos vœux,
Nous allons calmer sa colere.

EPAPHUS

Vous m'ôtez un bien qui m'est dû ;
Croyez-vous qu'à vos vœux le juste ciel réponde ?

PHAETON.

Peut-il à mes desirs avoir mieux répondu ?
Je deviens le maître du monde.

PHAETON.

Quel sort est plus beau que le mien?
Est-il une gloire plus grande?
Non, que les dieux ne m'ôtent rien,
C'est tout ce que je leur demande.

EPAPHUS.

Votre orgueil pourroit s'abuser;
Un rival tel que moi n'est pas à mépriser.

PHAETON.

Tout suit mes desirs, tout me céde,
Que peut votre vain désespoir?
Il ne sert qu'à me faire voir
Le prix du bien que je posséde;
Plus mon rival est jaloux,
Et plus mon bonheur est doux.

EPAPHUS.

Craignez le Dieu, dont je tiens la naissance;
Craignez son foudroyant courroux.

PHAETON.

Je me flatte de l'espérance,
Que tous les dieux ne seront pas pour vous.

Mon pere est le dieu favorable,
Qui répand le jour en tous lieux:
Tout s'anime par lui, sans lui rien n'est aimable;
Sans son divin éclat une nuit effroyable
Couvriroit à jamais nos yeux.
Non, rien n'est comparable
Au destin glorieux
Du plus brillant des dieux.

EPAPHUS.

Mon pere est le dieu redoutable
Qui régit la terre & les cieux :
Il peut, quand il lui plaît, d'un coup inévitable,
Renverser les audacieux.
Non, rien n'est comparable,
Au destin glorieux
Du plus puissant des dieux.

ENSEMBLE.

Non, rien n'est comparable
Au destin glorieux

PHAETON. } *Du plus* { *brillant* } *des dieux.*
EPAPHUS. } { *puissant* }

EPAPHUS.

Jupiter pour son fils m'a daigné reconnoître :
On peut douter encor qu'un dieu vous ait fait naître.

PHAETON.

C'est le Soleil, vous le savez.

EPAPHUS.

Si Climene le dit, est-ce assés pour le croire ?

PHAETON.

Osez-vous attaquer ma gloire ?

EPAPHUS.

Deffendez-là, si vous pouvez.

PHAETON.

Vos yeux sont fermés par l'envie,
Malgré-vous, ils seront ouverts:
J'espere que le dieu qui m'a donné la vie
M'avoûra pour son fils aux yeux de l'univers.

SCENE IV.

PHAETON, EPAPHUS, MEROPS, CLIMENE, LIBIE, les deux rois tributaires de Merops. PRÊTRESSES de la déesse ISIS.

EGIPTIENS ET EGIPTIENNES qui portent les offrandes, PEUPLES.

MEROPS.

O Vous, pour qui l'Amour, du plus beau de ses nœuds,
Sçût enchaîner le dieu qui lance le tonnerre:
Isis, aimez toujours ce séjour bienheureux.
Le ciel y fit cesser votre sort rigoureux,
Lorsque Junon par tout vous déclaroit la guerre.
Approuvez nos desseins, favorisez nos vœux:
Etendez cet empire aux deux bouts de la terre.

MEROPS, ET CLIMENE.

Nous révérons
Votre puissance ;
Nous implorons
Votre assistance :
Isis, nous espérons en vous,
Isis, exaucez-nous.

LE CHOEUR DES PEUPLES.

Nous révérons
Votre puissance ;
Nous implorons
Votre assistance :
Isis, nous espérons en vous,
Isis, exaucez-nous.

LE CHOEUR DES PRÊTRESSES.

Recevez, ô grande déesse,
Les vœux qu'on vous adresse.

LE CHOEUR DES PEUPLES.

Nous révérons
Votre puissance ;
Nous implorons
Votre assistance :
Isis, nous espérons en vous,
Isis, exaucez-nous.

EPAPHUS.

Vous qui ſervez Iſis, avez vous la foibleſſe
D'être éblouis de la richeſſe
Des offrandes qu'on vous fait voir?
Et vous, divinité, dont je tiens la naiſſance,
Conſentez-vous à recevoir
Des dons de la main qui m'offenſe?

On entend du bruit dans le temple, et l'on en voit les portes ſe fermer d'elles-mêmes.

MEROPS.

Dieux! Le temple ſe ferme!

PHAETON.

Allons, il faut l'ouvrir.
Les dieux veulent ſouvent, qu'on oſe les contraindre
A recevoir les vœux que l'on doit leur offrir.

CLIMENE.

Ah! Mon fils, arrêtez.

PHAETON.

Suivez-moi ſans rien craindre.

EPAPHUS.

Vengez-vous, ô puiſſante Iſis!
Vengez-vous, vengez votre fils.

SCENE V.

FURIES, FANTÔMES,
et les acteurs de la ſcene précédente.

Les portes du temple s'ouvrent, et ce lieu qui avoit paru magnifique, n'eſt plus qu'un gouffre effroyable qui vomit des flammes, et d'où ſortent des furies & des fantômes terribles, qui renverſent & briſent les offrandes.

SCENE VI.

CLIMENE, PHAETON.

CLIMENE.

Le ciel trouble votre bonheur;
Un péril mortel vous menace.

PHAETON.

L'envie ose attaquer ma gloire, et votre honneur,
C'est l'unique péril, dont mon cœur s'embarasse.
Partagez un affront, dont le seul souvenir
Me fait rougir de honte, et frémir de colere,
Epaphus ose soutenir
Que le Soleil n'est pas mon pere.

CLIMENE.

O dieux!

PHAETON.

C'est de vous que j'attens
Des témoignages éclatans
De la grandeur de ma naissance:
Je sens qu'elle est divine, et j'ai dû m'en vanter;
Mais, c'est peu que mon cœur m'en donne l'assurance,
Il faut forcer l'envie à n'en pouvoir douter.

Prenez-en ſoin, au nom du tendre amour de mere,
Qui s'eſt, en ma faveur, ſignalé tant de fois;
Au nom de ce qui peut vous plaire;
Au nom du dieu qui nous éclaire,
De ce dieu, que l'Amour ſut ranger ſous vos loix.

CLIMENE.

Mon fils, n'en doutez point, vous confondrez l'envie:
C'eſt du pere du jour que vous tenez la vie,
Vous pouvez vous vanter d'un ſort ſi glorieux.
Vous étes ſon fils, je le jure,
Par ce dieu qui nous voit, qui nous entend des cieux,
Et par la ſplendeur vive & pure
Dont il ſait obſcurcir l'éclat des plus grands dieux.
Si je ſoutiens une impoſture,
Puiſſe-t'il, pour jamais, refuſer à mes yeux
La lumiere qu'il donne à toute la nature.

Des vens ſortent d'un nuage.

Ce dieu ſemble aprouver le ſerment que je fais:
Il y joindra ſon témoignage.
C'eſt lui qui fait ſortir ces vens de ce nuage,
Pour vous conduire à ſon palais.

PHAETON.

Ma gloire éclatera de l'un à l'autre pole ;
L'envieux Epaphus se verra démentir,
Je ne puis assés-tôt partir.

CLIMENE.

Allez, mon fils, allez.

PHAETON.

Je vole.

Les vens enlévent PHAETON, et le conduisent au palais du Soleil.

FIN DU TROISIE'ME ACTE.

ACTE IV.

ACTE QUATRIÉME.

Le théâtre change, et repréſente le palais du Soleil.

SCENE PREMIERE.

LE SOLEIL, LES HEURES DU JOUR, LE PRINTEMS, L'ETÉ, L'AUTOMNE, L'HYVER;
Suite des quatre ſaiſons.

LE CHOEUR DES HEURES.

Ans le dieu qui nous éclaire,
Tout languit, rien ne peut plaire:
Chantons, ne ceſſons jamais
De publier ſes bienfaits.

UNE DES HEURES.

O dieu de la clarté, vous reglez la mesure
Des jours, des saisons, et des ans:
C'est vous qui produisez, dans les fertiles champs,
Les fruits, les fleurs et la verdure:
Et toute la nature
N'est riche que de vos présens.

Le chœur des HEURES, et le chœur des SAISONS.

Sans le dieu qui nous éclaire,
Tout languit, rien ne peut plaire:
Chantons, ne cessons jamais
De publier ses bienfaits.

L'AUTOMNE.

C'est par vous, ô Soleil que le ciel s'illumine;
Et sans votre splendeur divine,
La terre n'auroit point de climats fortunés.
La nuit, l'horreur, et l'épouvante,
S'emparent du séjour que vous abandonnez:
Tout brille, tout rit, tout enchante
Dans les lieux où vous revenez.

Les chœurs des HEURES & des SAISONS.

Sans le dieu qui nous éclaire,
Tout languit, rien ne peut plaire:
Chantons, ne cessons jamais
De publier ses bienfaits.

LE SOLEIL.

Redoublez la réjouissance
Que vous me faites voir.
Phaeton vient ici, c'est mon fils qui s'avance,
Prenez soin de le recevoir.

SCENE II.

LE SOLEIL, PHAETON,

LES HEURES DU JOUR,

LES QUATRE SAISONS, ET LEUR SUITE.

On danse.

Une des HEURES, et les CHOEURS qui lui répondent.

DAns ce palais
Bravez l'envie;
Dans ce palais
Vivez en paix.
Soyez content, tout vous y convie;
Goutez toujours les biens les plus parfaits;
L'honneur qui suit une illustre vie
Est un bonheur qui ne finit jamais.

Ne tardez pas,
La gloire eſt belle ;
Ne tardez pas,
Suivez ſes pas.
Vous la cherchez, ſa voix vous apelle,
Vous étes fait, pour aimer ſes appas ;
L'amour conſtant que l'on a pour elle,
Porte un grand nom au de-là du trépas.

LES CHOEURS.

Dans cette demeure charmante,
Venez jouir d'une gloire éclatante ;
Jeune heros, tout répond à vos vœux,
Venez jouir d'un ſort heureux. On danſe.

LE SOLEIL.

Approchez, Phaeton, que rien ne vous étonne ;
J'adoucis en ces lieux, l'éclat qui m'environne.
Vous ſoupirez, mon fils ; qui vous peut inſpirer
Tant de trouble & tant de triſteſſe ?
Le ſang, qui pour vous m'intéreſſe,
Vous permet de tout eſpérer.

PHAETON.

Ame de l'univers, ſource vive & féconde
De tous les biens du monde,
Pere du jour, s'il m'eſt permis
D'oſer vous apeller mon pere,
Ne me refuſez pas le ſecours que j'eſpere
Contre mes jaloux ennemis.

Le reproche honteux d'une naiſſance obſcure,
M'a fait une cruelle injure:
Au nom de l'amour paternel,
Impoſez à l'envie, un ſilence éternel.

LE SOLEIL.

L'envie accuſe à tort Climene.
Vous n'étes point trompé, j'approuverai ſans peine
Le grand nom que vous avez pris;
Ma tendreſſe pour vous ne craint pas de paroître,
Phaeton, vous étes mon fils,
Et vous étes digne de l'être.
Quel gage voulez-vous du ſang qui vous fit naître?
Quoique vous puiſſiez demander,
Je promets de vous l'accorder.
C'eſt toi que j'en atteſte,
Fleuve noir et funeſte,
Que l'éternelle nuit doit cacher à mes yeux;
J'en jure par l'horreur de tes eaux effroyables,
Styx, ô Styx, dont le nom, atteſté par les dieux,
Rend leurs ſermens inviolables.

Tous mes treſors vous ſont ouverts,
Tout eſt permis à votre noble audace.

PHAETON.

Sur votre char, en votre place,
Permettez-moi d'éclairer l'univers.

LE SOLEIL.

Ah! Mon fils, qu'osez-vous prétendre?

PHAETON.

Si je suis votre fils, puis-je trop entreprendre?

LE SOLEIL.

Malgré mon sang, la loi du sort
Vous assujettit à la mort;
Vos desirs vont plus loin que la puissance humaine;
C'est trop pour un mortel de tenter un effort,
Où les forces d'un dieu ne suffisent qu'à peine.

PHAETON.

La mort ne m'étonne pas
Quand elle me paroît belle;
Je suis content du trépas,
S'il rend ma gloire immortelle.

LE SOLEIL.

J'ai fait un indiscret serment.
Voyez mon triste cœur saisi d'étonnement;
De l'amour paternel faut-il un autre gage?
Helas! Ma crainte en dit assés,
Un dieu tremble pour vous, mon fils, reconnoissez
Votre pere à ce témoignage.

PHAETON.

Je dois, par un courage incapable d'effroi,
Mériter les frayeurs que vous avez pour moi.

LE SOLEIL.

Déja la nuit descend, et fait place à l'aurore,
Il faut bien-tôt faire briller mes feux.
Abandonnez un dessein dangereux,
Evitez votre perte, il en est tems encore.

PHAETON.

Mon dessein sera beau, dûssai-je y succomber.
Quelle gloire si je l'achéve!
Il est beau qu'un mortel jusques aux cieux s'éléve,
Il est beau même d'en tomber.

LE SOLEIL.

Puisque je l'ai juré, je dois vous satisfaire.
Fortune, s'il se peut, prend soin d'un téméraire;
Mon fils veut se perdre aujourd'hui,
Conserve ses jours, malgré lui.

LES CHOEURS.

Allez répandre la lumiere.
Puisse un heureux destin
Vous conduire à la fin
De votre brillante carriere,
Allez répandre la lumiere.

FIN DU QUATRIE'ME ACTE.

ACTE CINQUIÉME.

Le théâtre change, et repréſente une campagne agréable; la nuit ſe diſſipe inſenſiblement, et céde au jour qui commence à paroître; PHAETON aſſis ſur le char du SOLEIL, s'éléve ſur l'horizon.

****

SCENE PREMIERE.

CLIMENE, MEROPS.

CLIMENE.

ASſemblez-vous, habitans de ces lieux.
Le ſommeil, qui ferme vos yeux,
Vous retient trop long-tems dans une paix profonde:
Mon fils fait voir qu'il eſt du ſang des dieux.
Sur le char de ſon pere, il brille dans les cieux.
Que votre zéle me ſeconde,
Célébrez avec moi ſon deſtin glorieux.

Que l'on chante, que tout réponde,
C'eſt un ſoleil nouveau,
Qui donne la lumiere au monde:
C'eſt un ſoleil nouveau,
Qui donne un jour ſi beau.

CLIMENE, ET MEROPS.

C'eſt un ſoleil nouveau,
Qui donne la lumiere au monde:
C'eſt un ſoleil nouveau,
Qui donne un jour ſi beau.

SCENE II.

EPAPHUS.

EPAPHUS.

DIeu, qui vous déclarez mon pere,
Maître des dieux, c'eſt en vous que j'eſpere:
M'abandonnerez-vous au deſeſpoir fatal
De voir triompher mon rival?

On ſuit les tranſports de ſa mere ;
On me mépriſe, on le révére ;
Tout ſert à ſon bonheur, tout irrite mon mal.
Il obtient ce qui m'a ſû plaire ;
Il monte au ciel, il nous éclaire,
Il me voit accablé d'un tourment ſans égal.
Dieu, qui vous déclarez mon pere,
Maître des dieux, c'eſt en vous que j'eſpere :
M'abandonnerez-vous au deſeſpoir fatal
De voir triompher mon rival ?

SCENE III.

EPAPHUS, LIBIE.

LIBIE, ſans voir EPAPHUS.

O Rigoureux martire
De n'oſer découvrir de mortelles douleurs !
Mon deſtin paroît beau, tout le monde l'admire,
Cependant je ſoupire,
Je pleure mes malheurs.
Du ſévére devoir le tiranique empire
Me contraint à cacher mes ſoupirs & mes pleurs.
O rigoureux martire
De n'oſer découvrir de mortelles douleurs !

LIBIE appercevant EPAPHUS.

Dieux ! Epaphus !...

EPAPHUS.

Belle princesse !...

LIBIE.

N'augmentez pas le désordre où je suis.

EPAPHUS.

Vous me fuyez ?

LIBIE.

Quelle foiblesse !
Je le devrois ; mais je ne puis.
Helas ! En nous voyant, nous redoublons nos peines.

EPAPHUS.

Que dans mes maux il m'est doux de vous voir !

LIBIE.

Je suis à Phaeton par des loix souveraines.

EPAPHUS.

Vous n'étes pas encore en son pouvoir.

Mon pere est souverain du ciel & de la terre,
Espérons au secours qu'il peut nous réserver.
Plus mon rival s'empresse à s'élever,
Plus son orgueil l'aproche du tonnerre.

LIBIE.

Je n'ose plus songer qu'à suivre mon devoir,
L'espérance nous est ravie.

EPAPHUS.

Ah! Si vous m'ôtez tout espoir,
Vous m'ôterez la vie.
J'ose attendre du sort quelque heureux changement;
L'amour doit espérer jusqu'au dernier moment.

LIBIE.

Notre disgrace est certaine,
Vous espérez vainement.

EPAPHUS.

L'espérance la plus vaine
Flatte un malheureux amant.

ENSEMBLE.

Helas! Une chaîne si belle
Devoit être éternelle!
Helas! De si tendres amours
Devoient durer toujours.

SCENE IV.

MEROPS, CLIMENE, les deux rois tributaires de MEROPS, PEUPLES, pasteurs Egiptiens, et bergeres Egiptiennes.

MEROPS, ET CLIMENE.

Que l'on chante, que tout réponde,
C'est un soleil nouveau
Qui donne la lumiere au monde ;
C'est un soleil nouveau
Qui donne un jour si beau.

LE CHOEUR.

Que l'on chante, que tout réponde,
C'est un soleil nouveau
Qui donne la lumiere au monde ;
C'est un soleil nouveau
Qui donne un jour si beau.

MEROPS, ET CLIMENE.

Jamais le céleste flambeau
Ne sortit si brillant de l'onde :
C'est un soleil nouveau
Qui donne la lumiere au monde ;
C'est un soleil nouveau
Qui donne un jour si beau.

LE CHOEUR.

Que l'on chante, que tout réponde,
C'est un soleil nouveau
Qui donne la lumiere au monde;
C'est un soleil nouveau
Qui donne un jour si beau. On danse.

UNE BERGERE EGIPTIENNE.

Ce beau jour ne permet qu'à l'aurore
De s'occuper à répandre des pleurs.
Que d'éclat! Que de vives couleurs!
Mille fleurs vont éclore;
Tout charme nos cœurs;
Il naîtra plus encore
D'Amours que de fleurs.

L'Amour plaît, je consens qu'il m'enchante
Lorsqu'il suivra les ris & les jeux:
Mais s'il me tourmente
Je romprai ses nœuds.
Un amant, qui toujours soupire,
Doit allarmer.
Ce n'est que pour rire
Qu'on doit former
Le dessein d'aimer.
Jeunes cœurs, qui cherchez à vous rendre,
N'aimez pas tant:
Un amour trop tendre
N'est jamais content.

On danse.

SECOND COUPLET.

Puisqu'il faut qu'une chaîne nous lie,
Ne faut-il pas choisir un nœud charmant?
Moquons-nous de souffrir constament;
On doit rendre la vie
Plus douce en aimant:
Ce n'est qu'une folie
D'aimer son tourment.

L'Amour plaît, je consens qu'il m'enchante
Lorsqu'il suivra les ris & les jeux:
Mais s'il me tourmente
Je romprai ses nœuds.
Un amant, qui toujours soupire,
Doit allarmer;
Ce n'est que pour rire
Qu'on doit former
Le dessein d'aimer.
Jeunes cœurs qui cherchez à vous rendre,
N'aimez pas tant:
Un amour trop tendre
N'est jamais content.

SCENE V.

THEONE, MEROPS, CLIMENE, et les acteurs de la scene précédente.

THEONE.

CHangez ces doux concerts en des plaintes funébres.
L'instant fatal arrive où d'épaisses ténébres
Couvriront pour jamais le soleil qui nous luit;
Phaeton va tomber dans l'éternelle nuit.
Mon pere m'en assure, et la pitié rapelle
Un trop fidéle amour pour un amant sans foi:
Helas! Je ne vois plus sa trahison cruelle
Son funeste péril est tout ce que je voi.

CLIMENE.

Une effroyable flamme
Se répand dans les airs.

THEONE.

Que la crainte trouble mon ame!
Phaeton, tu te pers.
Tu vas embrazer l'univers.

LE CHOEUR.

Dieux! Quel feu vient par tout s'étendre!
Dieux! Tout va se réduire en cendre!
Quelle ardeur pénétre en tous lieux!
Où fuirons-nous! O justes dieux!

SCENE VI.

LA DÉESSE DE LA TERRE, THEONE, MEROPS, CLIMENE, et les acteurs de la ſcene précédente.

LA DÉESSE DE LA TERRE.

C'Eſt votre ſecours que j'implore,
Jupiter, ſauvez-moi du feu qui me dévore.
Ay-je pû mériter un ſi cruel tourment?
Ah! S'il faut qu'un embrazement
A la fin me réduiſe en poudre,
Que je ne brûle au moins que du feu de la foudre:
Grand dieu, ne me refuſez pas
La gloire de périr d'un coup de votre bras.

Roi des dieux, armez-vous, il n'eſt plus temps d'attendre;
Tout l'empire, qui ſuit vos loix,
Bientôt ne ſera plus qu'un vain monceau de cendre.
Les fleuves vont tarir; les villes, et les bois,
Les monts les plus glacés, tout s'embraze à la fois,
Les cieux ne peuvent s'en défendre...
Ah! Je ſens ſuffoquer ma voix.
Avec peine je reſpire,
Au milieu de tant de feux.
Il faut que je me retire
Dans mes antres les plus creux.

SCENE VII.

PHAETON, MEROPS, CLIMENE, LIBIE, THEONE, et les acteurs de la ſcene précédente.

PHAETON paroît en déſordre ſur le char du SOLEIL, qu'il ne peut plus conduire.

LE CHOEUR.

O Dieu, qui lancez le tonnerre,
Hâtez-vous de ſauver la terre:
Nous brûlons, nous allons périr;
Venez, ô Jupiter, venez nous ſecourir.

SCENE DERNIERE.

JUPITER, PHAETON, MEROPS, CLIMENE, LIBIE, THEONE, et tous les acteurs.

JUPITER.

AU bien de l'univers ta perte eſt néceſſaire:
Sers d'exemple aux audacieux:
Tombe avec ton orgueil, trebuche téméraire,
Laiſſe en paix la terre & les cieux.

JUPITER foudroye PHAETON.

CLIMENE, ET THEONE.

O ſort fatal!

MEROPS, LIBIE, ET LE CHOEUR.

O chûte affreuſe!
O témérité malheureuſe!

FIN.

PRIVILEGE DU ROY.

LOUIS par la grace de Dieu, Roy de France & de Navarre: A nos amez & feaux Conseillers, les Gens tenants nos Cours de Parlement, Maîtres des Requêtes ordinaires de nôtre Hôtel, Grand Conseil, Prevôt de Paris, Baillifs, Sénéchaux, leurs Lieutenans-Civils, & autres nos Justiciers qu'il appartiendra, Salut. Nôtre cher & bien amé le Sieur LOUIS-ARMAND-EUGENE DE THURET, cy-devant Capitaine au Regiment de Picardie; Nous a fait représenter que, par Arrest de nôtre Conseil du 30. May 1733. Nous avons revoqué le Privilege qui avoit été accordé au Sieur le Comte & ses Associez, pour raison de l'Academie Royale de Musique, ses circonstances & dépendances, & rétabli ledit Privilege en faveur dudit Sieur Exposant, pour en joüir par luy, ses Associez, Cessionnaires & Ayans-cause aux charges & conditions portées par ledit Arrest, pendant le temps & espace de vingt-neuf années, à compter du premier Avril de ladite année 1733. Et que pour l'exploitation dudit Privilege, ledit Sieur Exposant se trouve obligé de faire imprimer & graver les Paroles & la Musique des Opera qui doivent être représentez; mais que pour cet effet il a besoin de nôtre permission & des Lettres qu'il Nous a tres-humblement fait supplier de luy accorder. A CES CAUSES, voulant favorablement traiter ledit Exposant: Nous luy avons permis & permettons par ces Presentes de faire imprimer & graver *les Paroles & Musique des Opera, Ballets & Fêtes qui ont été ou qui seront représentez par l'Academie Royale de Musique, tant séparément que conjointement* en tels Volumes, forme, marge, caractere, & autant de fois que bon luy semblera, & de les faire vendre & débiter par tout nôtre Royaume, pendant le temps de vingt-neuf années consecutives, à compter du jour de la datte desdites Presentes. Faisons défenses à toutes personnes, de quelque qualité & condition qu'elles soient d'en introduire d'Impression ou Gravûre Etrangere dans aucun lieu de nôtre obéïssance: Comme aussi à tous Imprimeurs, Libraires, Graveurs, Imprimeurs, Marchands en Taille-Douce, & autres de graver, ny faire graver, imprimer, ou faire imprimer; vendre, faire vendre, débiter ny contrefaire lesdites Impressions, Planches & Figures de Paroles de Musique des Opera, Ballets & Fêtes, qui ont été ou qui seront representez par ladite Academie Royale de Musique, tant separément que conjointement en tout ny en partie, sans la permission expresse & par écrit dudit Sieur Exposant, ou de ceux qui auront droit de luy; à peine de confiscation, tant des Planches & Figures, que des Exemplaires contrefaits & des Ustanciles qui auront servy à ladite contrefaçon, que Nous entendons être saisis en quelque lieu qu'ils soient trouvez; de dix mille livres d'amende contre chacun des Contrevenans, dont un tiers à Nous, un tiers à l'Hôtel-Dieu de Paris, l'autre tiers audit Sieur Exposant, & de tous dépens, dommages & interests, à la charge que ces Presentes seront enregistrées tout au long sur le Registre de la Communauté des Libraires & Imprimeurs de Paris, dans trois Mois de la datte d'icelles; Que la Gravûre & Impression desdites Paroles & Opera sera faite dans nôtre Royaume & non ailleurs, en bon papier & beaux caracteres, conformément aux Reglemens de la Librairie, & notamment à celui du dix Avril 1725. & qu'avant que de les exposer en vente, les Manuscrits gravez ou imprimez seront remis dans le même état où les Aprobations auront été données és mains de nôtre tres-cher & feal Chevalier Garde des Sceaux de France, le Sieur Chauvelin; & qu'il en sera ensuite remis deux Exemplaires de chacun dans nôtre Bibliotheque publique, un dans celle de nôtre Château du Louvre, & un dans celle de nôtre tres-cher & feal Chevalier Garde des Sceaux de France, le Sieur Chauvelin; Le tout à peine de nullité des Presentes; Du contenu desquelles Vous mandons & enjoignons de faire joüir ledit Sieur Exposant, ou ses Ayants-cause, pleinement & paisiblement sans souffrir qu'il leur soit fait aucun trouble ou empeschement. Voulons que la Copie desdites presentes, qui sera imprimée tout au long au commencement ou à la fin desdites Paroles ou Opera, soit tenuë pour dûëment signifiée; & qu'aux Copies collationnées par l'un de nos amez & feaux Conseillers & Secretaires, foy soit ajoûtée comme à l'Original. Commandons au premier nôtre Huissier ou Sergent, de faire pour l'execution d'icelles tous Actes requis & necessaires, sans demander autre permission, & nonobstant Clameur de Haro, Chatre Normande & Lettres à ce contraires. CAR tel est nôtre plaisir. DONNE' à Fontainebleau le douziéme jour de Novembre, l'An de Grace mil sept cent trente-quatre, & de nôtre Regne le vingtiéme; *Et plus bas*, Par le Roy en son Conseil. *Signé* SAINSON, avec paraphe.

J'ay cedé à M. BALLARD le present Privilege, suivant le Traité fait avec luy le premier Septembre 1730. A Paris ce 23. Novembre 1734. DE THURET.

Registré ensemble la Cession, sur le Registre VIII. de la Chambre Royale des Libraires & Imprimeurs de Paris N. 797. fol. 779. conformément aux anciens Reglemens confirmez par celuy du 28. Fevrier 1723. A Paris, le 23. Novembre 1734. G. MARTIN Syndic.

www.ingramcontent.com/pod-product-compliance
Lightning Source LLC
LaVergne TN
LVHW012359220826
846092LV00002B/565

9782329685533